AF454298

Contes d'un Chant Cosmique

Quelques Rêves

Quelques Rêves

Les Sanctuaires

Forêt Rêveuse

Abritée d'une montagne d'étoiles,
Illuminée des chants de la nuit,
La paisible forêt dort et rêve.

Rêve d'un grand soleil ailé,
Rêve d'une musique arborée,
Rêve d'un tapis coloré.

S'avance l'envoûtement des bois
Pour calmer la nuit, lever le jour
Et bâtir sur ce rêve achevé.

Voit un soleil se lever,
Voit tous les arbres chanter,
Voit la terre se colorer.

De la cime de ses pinceaux gigantesques,
La forêt peint son plafond de vert,
Ponctué d'étoiles bleues et dorées.

Et toutes les nuits

Rêve d'un grand soleil ailé,
Rêve d'une musique arborée,
Rêve d'un tapis coloré.

Pour tous les jours

Voir un soleil se lever,
Voir tous les arbres chanter,

Voir la terre se colorer.

Lune Entre les Montagnes

L'entrée en un nouveau monde
Magnifique et si peu superficiel,
Une image si humble et profonde,
Restée depuis tant de temps si belle.

Je revois la lune entre les montagnes,
L'herbe si belle entre les lacs,
La vie si tranquille et sans hargne,
L'harmonie si pure au coucher héliaque.

La plénitude d'un ciel si parfait
Touchant de par sa rareté
En un monde si modifié,
détruit, corrompu et profané.

J'ai tant aimé cet échange,
Touchant, magique et parfait,
Montrant à quel point tout change,
Montrant à quel point j'aurai aimé rester.

Cercle protégé et perpétuel,
Je respecterai ta puissance,
Verrai toujours ta beauté éternelle
Et croirai en toi, si grande romance.

Pleine lune,
Abrité par les montagnes,
Abrité du monde,

Pour toujours je me souviendrai

X

Et sauvegarderai ton image de beauté
Tant spirituelle que visuelle,
Intemporelle et éternelle.

Douce Mélancolie de la Nuit

Des fragments parfois reviennent d'instants brillants d'une douce musique, de moments passés en compagnie d'amis et d'amours dans des univers sans ombre ni torpeur.

J'y suis bercé de tendresse sur des tapis fleuris d'émotions qu'aucun malheur ne vient foudroyer, je peux y voler en paix, accompagné des esprits du réconfort, ces amis réels ou imaginaires qui viennent danser sur ces terres rêvées.

Des fois je retourne en enfance, empli de bonheur sur des terrains de jeux géants, dans une innocence réparatrice.

Des fois je m'envole, découvre d'immenses terres inconnues épanouissant l'explorateur enfoui en moi.

Là bas je peux aimer sans désespérer, je peux voyager, libéré de l'aboulie et de la détresse. C'est sur ces terres que la mélancolie me jette en me disant "Ce bonheur est à toi, mais son coût est lourd".

Ces images de plaines, forêts et villes, ces scènes de magie m'ont rendu dépendant, accroché à une échappée qui n'existe que dans ma tête et mes écrits, qui ne vit que lorsque mes yeux se ferment et mon esprit se repose.

La cité des rêves, à double tranchant et aux belles dalles blanches se reflétant sur l'océan, les montagnes flottantes, rouges de fer, culminant au delà des nuages les plus haut et percés de cavités titanesques.

C'est sur ces étranges terres, et bien d'autres encore, que mon âme rêve de s'installer.

C'est de ces univers que mon cœur est prisonnier, attendant la fin de la sentence du réel pour enfin avoir la paix dans cet amour rêvé.

Capitale de la Désolation

Sur une plaine de terre brûlée et sans forêt s'élève la
    titanesque cité
Touchant de ses plus hautes tours un ciel tortueux,
    inégal et vallonné
Virant de l'orange au pourpre voir au noir dans ses plus
    profondes cavités.

Je la vois clairement apparaître sans l'aide du Soleil,
    pour toujours absent.
Une éternité plus tôt, ses quartiers durent abriter les plus
    grands savants,
Pourtant aujourd'hui plus l'écho d'un son, plus une
    âme, dans ses rues plus un passant.

Des constructions autrefois grises, aujourd'hui du jaune
    à l'orange, du marron au noir le plus primaire,
Des ombres sans fin masquent des quartiers entiers,
    d'autres sont par les temps à moitié enfouis sous
    terre.
La désolation rampante, comme un dernier être vivant
    vagabonde, décompose ce qui d'une race inconnue
    fut l'univers.

C'est parfois dans ce monde désolé que m'emportent
    rêves et furtives pensées.
En admirant ce panorama silencieux, chaque fois je me
    découvre un goût du chaos inhabité,
Une attirance pour un monde vide de toute vie mais
    plein de ses décadentes traces passées.

Cavernes Insondées

D'étranges cavernes parsemaient la cité,
Sans sorties ni entrées et souvent comblées
Elles étaient sans être, catacombes insensées.

Seul indice d'existence, leurs sonorités,
L'écho des sources sur des parois condamnées,
Le cri d'un vent qui ne pouvait exister.

Parfois un frisson couvrait les habitants
Lorsqu'un son ignoble accompagnait le vent
Dans une puanteur inconnue du vivant.

Ces jours là, ne sortaient que les plus déments,
Ceux charmés et portés par les sombres chants
Du vent, de l'eau sur des parois d'anciens temps.

Près de la ville, une haute falaise siégeait,
Abrupte et tortueuse, que très peu gravissaient
Et qu'on disait messagère des cavités.

De grandes expéditions y furent envoyées,
Mais rien sur les cavernes ne fut révélé,
Les hommes revenant étant soit fous soit muets.

Des fous, tous disparurent dans l'ignoble odeur,
Des muets, le regard était plein de terreur.
La falaise fut abandonnée aux horreurs.

Aujourd'hui ville désertée et abîmée,
Plus rien ne traverse ses quartiers délabrés

Les Sanctuaires

A part le murmure de cavernes oubliées.

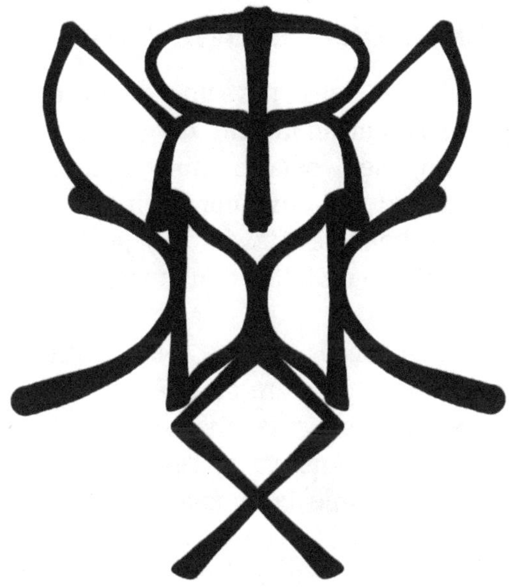

L'Éveil des Sens

Un Peintre Grisonnant

Je peignais de mes pas une histoire de simple monotonie quand sur un tableau de grisaille une fleur fit son apparition, ses pétales aux lumières colorées laissaient échapper une envoûtante pincée de printemps, jamais de plus belle je n'avais vu, jamais mon esprit n'avait imaginé que de telles couleurs puissent naître de la terre.

C'était une journée comme toute autre, j'allais et venais, vivant de la peinture de cités toutes semblables, sur les mêmes chemins et les mêmes toiles. Et c'est peu après mon passage, lorsque je revint ajouter un étage que cette lueur colorée contrasta avec le gris de mes pinceaux, je ne pus la recouvrir de mes teintes, trop irréelle et hypnotisante pour l'effacer. Je décidai de la contourner d'abord, puis, après quelques jours d'une étrange confusion où mes sens s'habituèrent à son essence, je changeais toute la composition, trop seule et triste au cœur d'un monde trop gris pour elle, j'allais en faire le centre d'une cité différente.

Chaque jour je reprenais mon œuvre et revoyais cette beauté qui, dans des chants aux innombrables paysages, m'offrait des ailes, m'envoyant sur des terres bercées de belles couleurs et colorées de douces mélodies. J'en appris tant qu'en peu de temps ma palette s'éloigna des teintes grisâtres et commença à apprivoiser le vert, le bleu, le rouge et bien d'autres sonorités visuelles.

Tous les soirs la composition s'illuminait un peu plus, ma belle fleur de printemps avait maintenant un jardin arboré et jonché de ses douces cousines, mes tours n'étaient plus grises et carrées mais colorées et virevoltantes. Je n'étais plus un simple peintre de la monotonie, j'étais un compositeur sous la tutelle d'un maître rayonnant.

Chef d'Œuvre Macabre

En une nuit sans nuages et illuminée d'une lune presque pleine, un enquêteur devint spectateur, découvrit un chef d'œuvre macabre d'une beauté inconcevable.

A la lisière d'une forêt de pins éternels se tenait une verte clairière, en son cœur les restes d'une cabane de pierre en ruine depuis des âges faisaient contraste avec la végétation, elle n'avait plus de toit mais encore quelques murs couverts de plantes rampantes.

Une ouverture ayant un jour été une fenêtre laissait passer un rayon de lune sur une simple chaise de bois en décomposition où gisait le premier acte de l'œuvre offerte à notre spectateur. Une homme mort, installé là avec son corps déchiré et l'air serein. Tout dans cette scène de violence était pourtant beau, le sang et les entrailles n'avaient un aspect ni lugubre ni repoussant et de façon indescriptible tout paraissait tellement parfait.

Il avait la chemise déchirée et les côtes étaient comme retournées, sans fractures, pour maintenir la peau à la façon des colonnes archées supportant l'auvent d'un roi. Sous cet abris le vent animait étrangement des poumons visibles et propres, le cœur, placé là où aurait du se trouver le plexus, était ce roi assis sur un trône de muscles abdominaux à nu.

Sa tête était renversée en arrière, intacte et laissée en coulisses, les yeux ouverts, il regardait fixement une étoile inconnue.

Croisant les doigts, ses mains se rejoignaient, délicatement posées sur ses cuisses qui elles aussi se croisaient dans une attitude relaxée.

Les yeux de l'enquêteur luirent à la vue du cadavre, s'emplissant d'un brin de folie, une admiration provenant d'un autre monde vibrait dans son regard.

« Pas un homme n'aurait pu le tuer, trop belle est cette scène. Un artiste divin du la composer pour réussir à rendre la mort si belle et attirante ! »

Plus d'une heure il passa à admirer la composition macabre sous tous les angles possibles et, lorsque la lune ne l'éclaira plus, il sortit de la cabane et porta son regard sur elle dans le ciel. Il découvrit en dessous de sa position un chemin titanesque formé par le pli, l'effondrement des pins sans cassure et symétrique, si bien qu'une allée traversant la forêt s'y formait, un chemin vers la lune. Le vent qui venait de se lever s'y engouffrait avec un chant d'une délirante beauté.

« Quel choix ai-je ? Autre que de suivre ce chant de la lune et de l'air, plus rien ne me donne envie. Je n'ai qu'un désir, qu'un seul élan de curiosité et il me dirige droit vers ce sentier des géants. »

Charmé, il se décida à poursuivre la lune, s'engouffrant dans cette allée, s'enfonçant au cœur de la forêt. Les arbres semblaient danser, les étoiles s'illuminer plus que jamais et l'astre de la nuit, brûlant d'une lumière inhabituelle, guidait l'audience sur ce chemin.

Il fut pris d'ivresse à simplement contempler, de vertiges en se laissant porter par le vent et d'impatience lorsqu'il entendit loin au bout de l'allée tambours et flûtes, guimbardes et chants dans une macabre symphonie aux sonorités étrangères.

Une fois la lisière atteinte le spectateur fit face à la folie. Sur une immense plage qui séparait la forêt de l'océan, le mouvement final était en action, la scène qui complétait la composition en un chef d'œuvre pour tous les sens découvrait des êtres à l'allure cadavérique ou fantomatique qui dansaient sur cette musique inconcevable et divine, et dans cette danse, ils mourraient puis renaissaient pour à nouveau danser et mourir.

Sur les eaux des navires de toutes époques, en trop piteux état pour naviguer, dansaient pourtant sur les vagues au rythme de la mélodie. Ils se sombraient les uns les autres pour refaire surface et reprendre ce parfait chaos.

Le spectateur resta ébahi en voyant le spectacle, son esprit devint fou de cette beauté macabre et il en dégusta les moindres détails. Mais lorsque peu à peu épaves et corps disparurent au fond de l'océan dans une superbe conclusion il fut résolu à suivre la troupe.

Il marcha vers l'océan et ses profondeurs pour à jamais vivre ce sombre et délicieux opéra.

« Comment puis-je vivre si un jour la symphonie s'éteint ? Une telle beauté que m'en éloigner serait suicide, que cesser de l'écouter, la voir, la toucher et la sentir serait perdre mon âme. »

Quelques Rêves

Les Démons Intérieurs

L'Effondrement des Étoiles

Au fin fond du vide est née ma matière,
Nébuleuses de chaos, d'indécision,
Étoiles colorées aux notes planétaires.
Je suis l'écho de toutes mes créations.

Des étoiles les enfants on aperçoit,
Symptômes d'une vie des fois tendre, parfois sombre
Qui dans tant d'éons, s'oublie dans le froid,
Entrant un cœur dont seule s'échappe l'ombre.

J'ai vu les astres mourir, d'autres naître,
Brisés des flammes de traumas trop forts
Et d'autres s'en sont allés disparaître
Attirés dans mon cœur d'oubli, de mort.

J'ai créé le début, la fin des mondes,
Ai-je souhaité trop sans me soucier du prix?
La fissure se fait toujours plus profonde,
Dans le grand néant s'effondre la vie.

Sans le vouloir j'ai annoncé la chute,
Je sens sans cesse mon âme se resserrer,
Se rapprocher d'un cœur changé en brute
Qui plus jamais ne pourra éclairer.

Aurai-je déjà tant de choses oublié?
Quand débuta l'oubli des vielles étoiles,
Comment mon vieux cœur se vit comprimé,
Quand la gangrène s'accrocha à ma toile.

Quelques Rêves

Peut-être une vie aux couleurs passées
Se découvrira de l'autre côté.

Peut-être quand tout sera effacé,
Du néant de mon cœur je renaîtrai.

Peut-être ai-je déjà tout oublié
D'infinités d'un cycle répété,

Peut-être même que ce cœur déchiré
m'a toujours et de bien loin précédé.

De l'Ombre au Néant

1.
Une de mes ombre vient de passer,
Fragment pensif de mon échappée
Se mêlant au brouillard du passé.

Le brouillard s'est ensuite envolé,
Ensemble de temps imaginés
Se mêlant aux nuages du passé.

Les noirs nuages se sont dissipés,
Ensemble de tableaux libérés
Se mêlant aux étoiles du passé.

Le ciel de mon monde s'est échappé,
Disparu ce beau toit étoilé,
Ce condensé de toutes mes pensées
Qui de lumière mon esprit guidait.

2.
Plus d'ombre ni brouillard pour m'accompagner,
Plus de nuages ni d'étoiles pour m'abriter.

Proie du vide, de l'inexistence exprimée,
Je ne suis plus qu'un esprit abandonné.

Une ombre passée j'ai laissé échapper,
Ma dernière accroche à la réalité.

Ainsi le réel m'a quitté.
Ainsi le néant m'a sondé.

XXVI

Quelques Rêves

Ainsi j'ai cessé d'exister.

Le Cycle du Condamné

Chaque jour réveil aux aurores de la culpabilité,
Torture inconcevable du mutilé sans volonté,
Pensées semi rêvées et dans la tristesse poignardées
Des heures d'infini, harcelant l'esprit du condamné.

Chaque matin est sans fin d'horreurs,
Chaque après midi même torpeur,
Et le soir s'en suit la douleur.

Chaque journée est le symptôme d'un monde rêvé
    effondré,
De celui qui dans l'impulsion et l'oubli s'est caché
S'efforce de jamais n'avoir à penser et douter,
D'instant de regard croisé qui au cœur le briserait.

Chaque matin est sans fin d'horreurs,
Chaque après midi même torpeur,
Et le soir s'en suit la douleur.

Chaque soir le repos de l'assommé, faible, épuisé,
Celui qui pour s'endormir est tant de fois sacrifié
Aux pensées d'oubli sans retour, de mort finalisée.
Je suis le condamné, je suis l'horreur de mes pensées.

Exilé Dans les Étoiles

La Terre s'est échappée sous mes pieds,
Plus de gravité pour m'attacher.
D'une envolée mon monde détaché,
Adieux aux aimés et amitiés.

Tiré dans un vide d'éternité
J'ai toujours espéré m'exiler.
Voyant l'humanité s'estomper
Sur son astre triste, vert, bleuté,
Reviennent les fragments escarpés
D'un passé biaisé, désabusé.
Mais aussi les tordantes pensées
D'amitié, d'amour inachevé.

Faut-il pleurer ou s'extasier pour l'effacé?
Rien, tout juste l'oublier, le laisser aller.
Accompagné des étoiles il est rassuré,
Mais du passé, toujours une larme va le hanter.

Amour Rêvé

Cette nuit l'inespéré j'ai rencontré,
Mis au monde une créature que jamais
Je ne saurais de ma mémoire effacer.
De ma pensée est née mon aimée,
Celle qui mon cœur a foudroyé.

Dans un rêve d'océan illimité
Je vagabondais sur mon île isolée,
Mon cocon de vie inaltéré
Qui jamais ne m'angoisserait
Et jamais ne n'abandonnerai.

Sur une place marbrée au cœur de la forêt,
Sur le banc de pierre d'une terrasse élevée
C'est là qu'apparut une pensée illuminée,
Une beauté que rien ne peut expliquer,
Une lumière qui mon univers allait transformer.

Des instants d'une magique éternité
Bien trop courte pour en être satisfait,
Au lever les dernières couleurs du monde effacées
Je me perdais dans des images insensées,
A quoi bon le réel si je ne peux y aimer?

Je n'ai plus rien à faire de la réalité,
Je suis déjà seul en ce monde désespéré.
Ainsi du prochain coucher
Jamais je ne me réveillerai,
Je rejoindrai mon aimée pour l'éternité.

XXX

Ce Que Je Suis

J'ai tant pensé à achever mon temps et déchirer mes écrits, mes projets. De jour j'en hante mon âme mais à l'acte je ne passe pas, espérant un jour finaliser mes visions et laisser trace sur terre.

D'un paradoxe familial je me torture aussi, ne pouvant supporter la vie aux côtés de mes anciens tout en les aimant profondément.

Déjà perdu un fils, pourquoi en perdre un autre?

Ou pourquoi leur faire subir ma souffrance, pourquoi ne pas tout abréger?

A celui qui s'est perdu, s'abreuvant pour faire passer les temps sur des poumons agonisants tout en crachant une haine née d'une morale trop dure et irréelle.

A celle qui s'est retrouvée et qui dans son retour à la vie cache le malheur de la mort et d'une communication à sens unique.

C'est en pensant à la fin que je m'endors et m'éveille à nouveau, c'est en aillant peur de ne pas savoir garder mes nouvelles amitiés que je passe mes journées.

Aujourd'hui je veux avancer, faire des choses avec ces êtres auxquels je tiens mais qui sont soit trop loin soit enfermés. J'attends empli d'une malsaine impatience, j'attends empli de tristesse, la peur que d'un instant à l'autre plus jamais je ne leur réponde et que pour eux aussi je disparaisse comme je l'ai toujours fait, comme je me suis toujours détesté.

L'amitié et l'amour me manquent, je m'en suis tellement rendu compte. Je suis un être bien trop émotionnel qui ne sait montrer la moindre larme et un amoureux du partage enfermé dans son isolement.

Je suis l'ami qui à jamais s'évapore,
Je suis l'amoureux qui se déteste,
Je suis l'être social qui ne sait ce qu'est d'être social.

L'Île aux Souvenirs

1.

Au delà d'un océan d'images en mouvement
Éternellement couvert d'un ciel gris agité
Se trouvait une île oubliée depuis bien longtemps
Couverte de villes désertées, de vies du passé,
De rêves jamais accomplis et brisés par les vents.

Sur ces terres s'étendant jusqu'au lointain horizon,
Routes et chemins abîmés, sans fin se croisaient
Dans un circuit insensé laissé à l'abandon.
Les pierres et le ciment craquelés et déchirés
Donnaient l'aperçu d'un passé de désillusions.

D'immenses autels d'espoir y étaient érigés,
Fissurés depuis longtemps, ils n'étaient plus qu'ombre,
De gigantesques échos aux formes arrachées
Des pierres de pensées effondrées en trop grand nombre,
Sous le poids d'un vieux monde oublié et angoissé.

2.

C'est ici que je me suis échoué, désespéré,
J'y ai sans fin recherché un improbable espoir.
D'une éternité à l'autre j'ai sans cesse marché,
Ne trouvant qu'un reflet de malheur en ce miroir
Qui, sans fin, me rappelle les échecs de mon passé.

Sur mon passage, de nouveaux autels faisaient surface
Résumant sordidement mes amours et ma vie.
Des lieux que je fréquentais, je retrouvais les traces
Mais déjà ils étaient ternis de mélancolie,

Tant de mal dans un passé où tout le bon s'efface.

Toujours je vagabondais sur le même chemin,
Cherchant indice dans un passé lointain et brumeux.
Sur les routes brisées de ma vie je cherchais en vain,
De souvenir en souvenir sans en voir d'heureux,
Les routes se croisaient et se perdaient dans le chagrin.

3.
Les pensées perdues, je tentai sans foi d'avancer,
Je souhaitais trouver un simple moment de plaisir
Mais je ne marchais que sur des voies déjà foulées,
Des routes déjà pavées, loin de tout avenir.
J'espérais toujours pouvoir dévier de ce sentier.

Le soleil et la vie pourraient ils me ranimer?
Au fil de mes ruminations emplies de tristesse
J'aperçus de belles feuilles souples et colorées
Qui, vaguement, rappelaient une sereine jeunesse,
Un temps où sous un bel arbre j'aurai pu rêver.

Cette vague idée combattait mes pensées malades,
Elle me poussait à voir de meilleures conclusions
Et estompait la douleur au cœur de mes balades.
J'en arrivait presque à éviter les pires frictions
Qui soufflaient mes souvenirs en une furieuse tornade.

4.
Un jour cette étrange lueur grandit dans mon esprit
De ma pensée un nouveau croisement apparut.
J'en pris la route inconnue et enfin découvris
Une douce part d'espoir en laquelle je ne croyais plus

Mais qui devant mes yeux s'avançait sans débris.

Ce nouveau sentier ni délabré ni fissuré
Semblait illuminé, tout bordé d'herbes et de fleurs.
Avançant dans l'éclat d'un Soleil qui s'approchait,
Brisant peu à peu cet océan d'oubli, d'horreurs,
Pour éclairer ma route vers une possible échappée.

Au bout s'élevait un érable d'aspect immense,
Trésor de mon passé, compagnon de réconfort.
Avec lui que j'ai savouré mes journées d'enfance,
De même que je me consolais quand frappait la mort,
C'est sur ses vieilles racines que mes amour prirent
    essence.

5.
Une fois à ses pieds, le ciel fut percé de lumière,
Le Soleil était enfin présent, éblouissant,
Les cieux brillaient de lumière, d'un beau bleu, doux et
    clair,
Réchauffant une âme perdue depuis bien trop
    longtemps.
Un sourire au visage, une odeur d'espoir dans l'air.

De mes mains tremblantes je touchai la précieuse écorce
Et revinrent les fragments d'un passé merveilleux
Qui ne demandait qu'un tout dernier élan de force
Pour me libérer de cette île et me rendre heureux,
Me réveiller de cette rêverie des plus atroces.

Serrant ce monument du passé contre ma peau
Et sentant son bois, sa sève, à ma chair se mêler.

XXXV

Les Démons Intérieurs

Une chaleur oubliée prit racine sur tous mes os
Pour ne faire plus qu'un avec ce passé retrouvé
Et me réveiller hors de cette terre, loin de ses maux.

A Cœur Brisé

Je revois sans cesse les derniers passages
De ce temps de troubles et de mirages
Qui détruisait en mon cœur tant d'images.

Mes espoirs furent tant de fois retournés,
Décrochés, et de mes mains envolés.
J 'y étais pourtant trop bien attaché.

Je revois ces nuits sans lueur de sommeil,
Ces berceuses égales au son du réveil,
Ces journées lumineuses mais sans soleil.

Une atroce overdose de tout et rien,
Un puzzle où s'assemble trop peu de bien,
Montées d'adrénaline et chutes sans fin.

De beaux espoirs en désespoir se muant,
Une histoire de peine mais qui au cœur prend,
Mutilé et au froid de l'âme brûlant.

Mais reste l'espoir d'un moment pouvoir
Tout ranger au fond, oublier ton nom,
Être libéré de tes liens damnés.

Toi, créatrice des plus grands bonheurs
Mais aussi des plus sombres des malheurs,
De ta douceur je ne vois que l'horreur.

Les Démons Intérieurs

XXXVIII

La Source

L'inconcevable

1.
Sans le voir ni le toucher,
Sans le voir ni le concevoir,
Sans avoir conscience d'exister.

Sans un spectateur il attend,
Sans un sentiment reste patient.

Et dans son regard vide
Et dans ce vide si puissant
Et dans son regard aveuglé
Et dans ce vide se voit attendre.

2.
Empli d'énergie qu'il est,
Il ne fait qu'attendre l'idée
pour enfin se déployer.

Mais quand
Jamais on ne saura,

Car sans temps il est bien difficile d'avoir plus de temps
qu'un instant, qu'un moment ou moins de temps qu'une
éternité.

3.
Une idée arrive
Éveillant alors le plein par la puissance du vide,
Endormant alors le vide par l'existence du plein.

Elle n'a d'ailleurs qu'un but:
Celui de la berceuse et du réveil.

Un but de ressenti
Marquant le passage de l'inconcevable
Au concevable.

L'éveil du Chant Cosmique.

Le Chant Cosmique

1.
Qu'il avance ici et là dans son infini cercle.
Que l'inconcevable en un élan intemporel implose en
trois, Senti Subi et Ressenti.
Et c'est dans cette vague chaotique, fragmentée puis
défragmentée, qu'il inscrit son chant.
Dont l'unique but est le retour, le Un Originel,
l'accomplissement ressenti.

2.
On ne le sent ni ne le subit,
On ne le sent ni ne le ressent
Mais de son chant éclot le tout,
Mais de son chant, le concevable.

3.
S'endort ainsi l'inconcevable,
Qu'il rêve du plein, de son chant et de ses trois
instruments.
Qu'il rêve du plein, de son chant et de ses quatre
mesures.

Quelques Rêves